CRISTÓBAL COLÓN
y el viaje que cambió el mundo

CRISTÓBAL COLÓN
y el viaje que cambió el mundo

Una aventura épica para niños
sobre el descubrimiento de América

Samuel C. A.

Cristóbal Colón y el viaje que cambió el mundo
Primera edición: mayo, 2025

© 2025, Samuel C. A.
El autor se ha reservado todos los derechos.

La publicación y distribución de esta obra corresponde al autor.
Contacte a los titulares del *copyright*.

ISBN: 979-13-990412-1-7

Nota: El autor podría realizar citas cortas atribuyéndolas a quien crea que corresponde. En caso de que la fuente de dicha cita sea imprecisa, se atribuye a un «anónimo». Además, ciertos recursos de diseño han sido utilizados en este producto respetando las licencias o términos y condiciones de uso (*Creative Commons*, en muchos casos) con o sin fines de lucro. Créditos a quien corresponda.

contacto@samueljohnbooks.com

ÍNDICE

El niño que soñaba con el horizonte 9

Un plan que todos creían imposible. 13

Tres barcos y una promesa. 19

Rumbo a lo desconocido. 25

Un mundo nuevo (nuevo para ellos) 31

El encuentro de dos mundos. 37

El regreso del héroe. 43

Más viajes, más preguntas 49

El mundo descubre la verdad 55

Epílogo: El hombre que cambió el mundo 61

Curiosidades sobre Cristóbal Colón 67

Línea de tiempo de Cristóbal Colón 71

Preguntas para reflexionar 73

Mini glosario 75

Referencias 79

EL NIÑO QUE SOÑABA CON EL HORIZONTE

En la bulliciosa ciudad portuaria de Génova, donde la brisa salada del mar se mezclaba con el aroma intenso del pescado y las especias, un niño observaba fascinado cómo las olas golpeaban suavemente contra el puerto. Su nombre era Cristóbal Colón, aunque en su infancia, allí en Italia, todos lo llamaban Cristoforo Colombo. Aquel día, como tantos otros, el animado muelle parecía atraerlo, prometiendo aventuras y misterios por descubrir.

Génova, en el siglo XV, era un lugar repleto de vida y maravillas marítimas. Los barcos se alineaban en el puerto, con sus velas hinchadas por el viento, como enormes alas de pájaro preparadas para volar. Los marineros, emocionados, contaban historias sobre viajes increíbles a través de inmensos océanos y tierras lejanas. Para Colón, no eran simples cuentos de fantasía, sino valiosas enseñanzas que procuraba guardar en su mente como si fueran tesoros. Memorizaba cada palabra de aquellas aventuras, que llegaban a incluir incluso encuentros con legendarias criaturas marinas.

Pero, más allá de aquellas emocionantes historias, existía un mundo aún desconocido. Los mapas de aquel entonces tenían partes en las que nadie sabía lo que había, y eso daba rienda suelta a la imaginación. América todavía no aparecía en ninguna parte, y solo los continentes conocidos estaban claramente dibujados. Muchas personas pensaban que el horizonte era el fin del mundo y que allí vivían monstruos aterradores. En esa época, viajar a Asia para comerciar era muy difícil y peligroso, porque había que cruzar largas rutas por tierra, llenas de riesgos y aventuras.

En aquellos tiempos, el mundo parecía pequeño y, al mismo tiempo, infinitamente misterioso. Para Colón, cada misterio era una tentación por descubrir nuevas cosas. A diferencia de otros niños de su edad, que preferían jugar tranquilamente o quedarse seguros dentro de las murallas de Génova, él tenía miles de preguntas revoloteando en su mente: «¿Qué había más allá de las tierras conocidas? ¿Existiría algo nuevo, oculto tras ese enorme océano azul?».

Impulsado por esa curiosidad imparable, Colón se

convirtió en un rostro familiar en los astilleros del puerto. Allí observaba, casi a escondidas, antiguos mapas y aprendía a leer las estrellas para guiarse por los desconocidos mares que algún día él navegaría. Las historias de las hazañas de Marco Polo, un famoso viajero que había llegado hasta tierras lejanas como China, hicieron crecer aún más su imaginación, y comenzó a soñar con aventuras cada vez mayores: «¿Y si navegando hacia el oeste pudiera llegar a las lejanas tierras del este?». Era una idea tan peligrosa como fascinante.

Los sueños de Colón lo llevaban mucho más allá de las calles y edificios altos de Génova. Él no quería quedarse allí para siempre, siguiendo los mismos caminos que otros ya habían recorrido. Desde pequeño se hizo a sí mismo una gran promesa: algún día sería un gran marinero y navegaría por rutas que nadie había explorado aún.

Claro está que, para muchos, aquellas grandes ambiciones eran solo sueños imposibles. Al fin y al cabo, Colón era tan solo el hijo de un humilde tejedor de lana, sin riquezas ni títulos importantes. A menudo la gente se reía de sus ideas, pensando que eran fantasías infantiles. Pero Colón no hacía caso a esas burlas, porque él sabía que sus sueños podían hacerse realidad si creía en ellos con todas sus fuerzas.

Cada atardecer, cuando el sol pintaba el océano con tonos dorados, anaranjados y rosados, el joven Cristóbal Colón contemplaba el horizonte. Las olas parecían contarle secretos de tierras lejanas, tan reales en su imaginación y a la vez tan difíciles de alcanzar. Mientras otros niños soñaban con historias de caballeros, castillos y relucientes tesoros, Colón solo pensaba en lo que había más allá del mar, imaginando todas las maravillas que lo esperaban al otro lado.

Esta era apenas la primera parte de su historia, pero el destino le reservaba grandes aventuras. Para Cristóbal Colón, el mar no era un final, sino el comienzo de un viaje guiado por sus sueños y su enorme curiosidad.

UN PLAN QUE TODOS CREÍAN IMPOSIBLE

Habían pasado muchos años desde que aquel niño soñador que miraba el mar desde los muros de Génova, fantaseando con tierras lejanas. Ya no era ese niño que dibujaba mapas imaginarios ni un aprendiz curioso que escuchaba cuentos de navegantes en los muelles. Ahora, Cristóbal Colón era un hombre.

Sus manos, endurecidas por el trabajo y el tiempo, seguían trazando rutas imposibles sobre mapas gastados. Su barba ya mostraba canas, y su espalda estaba algo encorvada por tantas jornadas de viaje, pero sus ojos... sus ojos seguían brillando por la emoción de navegar los mares. Ardían con la misma llama que se había prendido en ellos en su infancia: ahora por la certeza de que podía llegar a Asia navegando hacia el oeste.

Pero había un problema: nadie le creía.

Una y otra vez, Colón exponía su idea frente a reyes, nobles y sabios. Pero siempre obtenía la misma respuesta: burlas, rechazos, silencios.

Una de esas veces ocurrió en Portugal, ante la corte del rey Juan II.

La sala del palacio se llenó de murmullos. Hombres de túnicas elegantes y sombreros altos observaban con desconfianza al navegante que, con voz firme pero serena, desplegaba un viejo mapa sobre la mesa de mármol.

—Majestad —dijo Colón con respeto, dirigiéndose al rey de Portugal—, si uno navega hacia el oeste lo suficiente, llegará a Asia. Es una ruta directa, sin tener que bordear África.

El silencio fue interrumpido por una carcajada.

—¿Hacia el oeste? —preguntó uno de los sabios—. ¿Y caer por el borde del mundo?

Las risas no se hicieron esperar. Algunos se burlaban en voz baja; otros lo miraban con una mezcla de lástima y desprecio. Nadie, absolutamente nadie, parecía tomarlo en serio.

En aquella época, muchas personas creían que la Tierra era plana. Pensaban que, si uno navegaba demasiado lejos, acabaría cayendo por un gran abismo, como si el mundo tuviera un borde, y que en aquellas aguas lejanas vivían monstruos marinos enormes, capaces de destruir cualquier barco.

Por eso, la idea de Colón parecía tan loca para todos. ¿Navegar hacia el oeste hasta Asia? Para ellos, eso era lo mismo que lanzarse al vacío.

Pero Colón no se dio por vencido. Apretó los puños, bajó la mirada un instante… y volvió a levantarla con determinación. Porque su idea no era ninguna locura. No para él.

Desde muy joven, Colón había estudiado todo lo que caía en sus manos: mapas, libros antiguos, relatos de viajeros. Estaba convencido de que la Tierra era redonda, aunque muchos aún creían que era plana. Según sus cálculos, si uno navegaba en línea recta hacia el oeste desde Europa, llegaría a las costas de Asia, donde abundaban las especias, la seda y el oro.

Era una idea revolucionaria. Y por eso, nadie la aceptaba.

Tras ser rechazado en Portugal, Colón emprendió un viaje que duraría años. Viajó de corte en corte, presentando su idea sin llegar a perder la esperanza. Fue a Génova, su tierra natal; a Inglaterra, buscando el apoyo del rey; incluso a Nápoles. Pero en todas partes recibió las mismas respuestas: «No. Estás equivocado. Es imposible».

—El océano es demasiado grande —decían algunos.

—Hay monstruos más allá del horizonte —decían otros.

—Si nadie lo ha hecho, por algo será —murmuraban todos.

Una tras otra, las puertas se cerraban.

Los años pasaban, y Colón empezaba a pensar en renunciar a su sueño. Su dinero se acababa, sus ropas se volvían más humildes, y la esperanza comenzaba a desvanecerse como la niebla con el sol. Pero entonces, pensaba en el mar… y todo volvía a empezar.

«Tal vez hoy no me crean», se decía, «pero algún día, lo harán».

Viajaba con su hijo Diego, que lo acompañaba por caminos polvorientos y aldeas lejanas. Dormían donde podían, comían lo justo, pero nunca dejaron de avanzar. En cada ciudad, en cada monasterio, Colón buscaba a alguien que estuviera dispuesto a escuchar su plan.

Y finalmente, llegó a Castilla.

En 1486, Colón llegó a Castilla, un poderoso reino gobernado por los **Reyes Católicos: Isabel de Castilla y Fernando de Aragón**. En ese momento, España estaba en guerra. Los reyes luchaban por conquistar el Reino de Granada, el último territorio musulmán que quedaba en la península.

Colón presentó su plan con la misma pasión de siempre. Pero, como ya era costumbre, fue rechazado. El Consejo Real, formado por sabios y astrónomos, no creía que la Tierra fuera plana —ellos ya sabían que era redonda—, pero pensaban que Colón se equivocaba en una cosa muy importante: la distancia. Según ellos, el

UN PLAN QUE TODOS CREÍAN IMPOSIBLE

océano era muchísimo más grande de lo que él decía, y sería imposible cruzarlo con los barcos de la época.

Desilusionado, pero sin darse por vencido, Colón decidió quedarse en Castilla. Algunos nobles y religiosos empezaron a interesarse por sus ideas. Le ofrecieron apoyo, protección y la posibilidad de esperar una nueva oportunidad.

Pasaron seis años. Seis años de cartas, reuniones, esperas, rumores y silencios.

Durante ese tiempo, Colón vivió en modestos monasterios, donde encontró a frailes que lo animaron a seguir. Él les hablaba de mapas, vientos, corrientes marinas... y de un sueño que no pensaba abandonar.

En 1492, ocurrió algo que lo cambiaría todo.

Los Reyes Católicos finalmente tomaron Granada, completando la unificación de España. Era el fin de una guerra que había durado siglos. Ahora que la paz había llegado, podían mirar más allá de sus fronteras.

Isabel y Fernando volvieron a reunirse con Colón. Esta vez, lo escucharon con más atención. Querían riquezas, querían gloria, querían llegar a Asia antes que sus vecinos portugueses. Y Colón les ofrecía exactamente eso.

—Majestad —le dijo Colón a la reina Isabel con voz firme, mirándola a los ojos—, dadme barcos. Y os traeré oro, especias, tierras y una nueva ruta al otro lado del mundo.

Isabel dudó. Era una gran decisión. Arriesgada. Incierta.

Pero algo en los ojos de ese hombre, en su convicción inquebrantable, la hizo tomar una decisión.

—Acepto —dijo al fin—. Te daremos lo que necesitas para tu viaje. Que Dios te guíe.

Colón apenas podía creerlo. Después de tantos rechazos, humillaciones y años de espera… al fin alguien había dicho que sí. El sueño que tenía desde niño estaba a punto de hacerse realidad.

Salió del palacio con la frente en alto y el corazón desbordado de emoción. Sería nombrado Almirante del Mar Océano, virrey de las tierras que descubriese y recibiría una décima parte de todo lo que encontrara.

Esa noche, mientras caminaba solo bajo el cielo estrellado, Colón levantó la vista y susurró:

—Gracias, Dios mío. Lo lograré. Por mi hijo, por mi familia, por mí… y por el mundo.

Porque hay sueños que tardan años en cumplirse. Y hay personas que, aunque el mundo entero se burle de ellas, nunca dejan de creer.

TRES BARCOS
Y UNA PROMESA

El sol apenas asomaba por el horizonte cuando el **Puerto de Palos** comenzó a cobrar vida. Una niebla suave flotaba sobre el agua, y el crujido de la madera de los barcos se mezclaba con los gritos de los marineros que iban y venían, cargando toneles de agua, sacos de pan duro y barriles de carne salada. Las gaviotas volaban en círculos sobre las velas enrolladas, como si también esperaran el comienzo de algo grande.

Palos de la Frontera, situado en el suroeste de España junto al río Tinto, había sido elegido por los Reyes Católicos como punto de partida para la expedición de Cristóbal Colón. Fue allí donde se preparó el viaje que cambiaría la historia.

Colón permanecía de pie en el muelle, inmóvil como una estatua. Sus ojos, oscuros y profundos, observaban cada detalle con atención. A su alrededor, todo el mundo se movía con prisa, pero él no se dejaba llevar por los nervios. Llevaba muchos años esperando este momento. Y por fin había llegado: estaba a punto de comenzar el viaje más importante de su vida.

Atrás quedaban las burlas, los rechazos y los años de caminar de corte en corte ofreciendo un plan que nadie quería escuchar. Hasta que, finalmente, los Reyes Católicos —Isabel y Fernando— le dijeron que sí. Le dieron el título de *Almirante del Mar Océano* y lo autorizaron a buscar nuevas rutas hacia las riquezas de Asia, navegando hacia el oeste. Una idea tan atrevida que algunos la llamaban locura.

Pero para Colón, aquello no era locura. Era auténtica fe. Fe en sus cálculos, en su destino… y en el mar.

Los barcos estaban listos: tres embarcaciones que, aunque pequeñas y humildes, estaban a punto de convertirse en leyenda.

La *Santa María*, su nave principal, era la más grande. Sólida, con una cubierta de madera envejecida y una vela cuadrada que parecía una bandera de guerra. A su lado, la *Pinta* y la *Niña*, dos carabelas rápidas y valientes, esperaban con sus velas enrolladas. Cada barco tenía su carácter: la *Santa María* era fuerte, la *Pinta* era veloz, y la *Niña*, ágil y ligera como un pez.

Los marineros subían y bajaban por las pasarelas, muchos con rostros serios y manos temblorosas. Algunos eran jóvenes, casi niños, que se habían unido en busca de aventuras. Otros eran veteranos del mar, endurecidos por tormentas y años de navegación, que ahora miraban al océano con desconfianza.

—¿Y si es cierto lo del fin del mundo? —susurró uno, mientras aseguraba una cuerda—. ¿Y si navegamos demasiado lejos y caemos al vacío?

—¿Y los monstruos marinos? —dijo otro—. Dicen que hay criaturas gigantes que devoran barcos enteros.

Colón escuchaba sin decir nada. Sabía que tener miedo en esa situación era algo natural. Lo que estaban a punto de hacer no tenía precedentes. Iban a cruzar un océano del que se sabía muy poco, por una ruta por la que nadie en Europa había navegado jamás. Pero él también sabía algo más: que sin riesgo no hay gloria.

No había sido fácil reunir la tripulación. Muchos hombres se negaron a unirse, convencidos de que nunca volverían. Pero Colón logró convencer a los hermanos Pinzón, marineros experimentados y respetados. Ellos serían sus capitanes en la *Pinta* y la *Niña*, y gracias a su influencia, otros comenzaron a sumarse. No por confianza en la misión, sino por confianza en los Pinzón... y por la promesa de oro, tierras y gloria.

Con el paso de los días, los barcos se llenaron de

provisiones: carne seca, vino agrio, velas de repuesto, brújulas, mapas, anclas, sogas y herramientas. También llevaban cartas de los reyes, una cruz para colocar en tierras desconocidas... y un sueño.

Antes de zarpar, un sacerdote bendijo a la tripulación. El incienso flotó en el aire, mezclado con el olor del mar y la madera húmeda. Algunos marineros rezaban en silencio. Otros miraban al horizonte, con el corazón latiendo como un tambor.

Colón reunió a los hombres sobre la cubierta de la *Santa María*. Todos guardaron silencio.

—Hoy —dijo con voz firme— dejamos atrás el mundo que conocemos. Muchos piensan que fracasaremos. Algunos creen que no volveremos. Pero yo os prometo algo: si alcanzamos lo que buscamos, si llegamos a esas tierras ricas del otro lado del mar... seremos recordados por siempre.

Hizo una pausa. Los marineros lo miraban, algunos con miedo, otros con fuego en los ojos motivados por sus palabras.

—Nadie ha navegado tan lejos hacia el oeste. Nadie ha desafiado el océano como lo haremos nosotros. Pero estamos preparados. Y cuando regresemos, traeremos riquezas, conocimientos... y una historia que nadie podrá olvidar.

Llegó el momento. Las sogas fueron soltadas. Las velas se desplegaron como alas gigantes y blancas. El viento sopló con fuerza, empujando los barcos mar adentro.

Desde la costa, mujeres y niños agitaban pañuelos, algunos entre lágrimas. Los marineros respondían con manos alzadas, sin saber si volverían a ver esos rostros alguna vez.

Colón se mantuvo en la popa, observando cómo la tierra se volvía cada vez más pequeña, hasta convertirse en una simple línea en el horizonte. El sonido del puerto fue reemplazado por el murmullo del mar abierto.

Ya no había vuelta atrás.

—Tres barcos.

—Noventa hombres.

—Un solo destino: lo desconocido.

Así comenzó el viaje. Con esperanza en el corazón, miedo en el estómago… y una promesa que cambiaría el mundo.

RUMBO A LO DESCONOCIDO

El viento soplaba suave, empujando lentamente las velas de los tres barcos que avanzaban solos en medio del mar. A su alrededor, nada: ni tierra, ni islas, ni otros navíos. Solo agua, cielo y el crujido constante de la madera bajo los pies. El sol brillaba como un fuego inmenso durante el día, y por la noche las estrellas parecían colgar del cielo para observarlos en silencio. Pero nada más se movía.

El océano parecía infinito. Día tras día, semana tras semana, el mismo paisaje rodeaba a la tripulación: un mundo azul que no cambiaba nunca. Al principio, todos estaban muy entusiasmados. Iban a conocer nuevas tierras, a encontrar oro, especias, tesoros. Navegar hacia lo desconocido era una aventura emocionante.

Pero, poco a poco, todo ese entusiasmo comenzaba a desvanecerse.

—¿Cuántos días llevamos navegando? —murmuró un joven marinero, mientras apretaba fuerte sus manos agarrando la barandilla del barco.

—Más de treinta —respondió otro, sin dejar de mirar el horizonte—. Y ni rastro de tierra.

—Quizás ya hemos pasado Asia y no lo sabemos —bromeó uno, pero nadie se rió.

Los tres barcos eran distintos entre sí. La Niña y la Pinta eran **carabelas** ligeras, rápidas como gaviotas. La Santa María, en cambio, era una gran **nao**: más pesada, más fuerte, la nave capitana que guiaba el viaje hacia lo desconocido. En ella viajaba Cristóbal Colón, siempre atento, siempre decidido.

El capitán no perdía la esperanza. Se mantenía firme, caminando por la cubierta con paso seguro, observando el cielo y las corrientes. Cada amanecer escribía en su diario, convencido de que la tierra estaba cerca. Pero no todos compartían su fe.

Los días se volvían más duros. El agua potable comenzaba a escasear. El pan estaba duro y mohoso. El pescado se pudría rápido bajo el sol. Algunos hombres estaban enfermos; otros, simplemente, callaban, con el miedo creciendo en sus ojos. El mar se estaba convirtiendo en una prisión sin muros.

—Caeremos por el borde del mundo —susurraban algunos por las noches, temblando bajo las estrellas.

Un día se desató una gran tormenta. El mar rugía como una bestia. Las olas golpeaban los barcos como si quisieran tragárselos. Los marineros corrían de un lado a otro, ataban cuerdas, vaciaban agua, gritaban oraciones al cielo. Pero Colón no se rindió. Mojado de pies a cabeza, con el viento azotándole el rostro, sujetó el timón y gritó:

—¡No retrocederemos!

Cuando la tormenta pasó, el silencio fue aún más aterrador que el rugido del mar. Nadie habló durante horas. Estaban vivos… pero ¿cuánto más podrían resistir?

Pasaron más días. El miedo se convirtió en rabia. Algunos marineros querían regresar. Decían que el capitán estaba loco, que estaban condenados. Una noche, un grupo se acercó a Colón con los ojos encendidos por la ira.

—¡Basta! —gritó uno—. Si no damos la vuelta ahora, moriremos todos. ¡Este viaje es una locura!

Colón los miró en silencio. Luego dijo con voz firme:

—Entiendo vuestro miedo. Pero escuchadme: hemos llegado más lejos que nadie. Cada ola que cruzamos nos acerca más a algo muy grande. No estamos perdidos. Sé que estamos cerca. Lo siento en el viento, lo veo en el color del agua. Confiad en mí… solo un poco más.

Sus palabras calmaron a algunos. Otros seguían dudando. Pero nadie se atrevió a enfrentarse a él de nuevo. Y así, los barcos continuaron su camino.

Entonces, algo cambió.

Una mañana, un marinero divisó una rama flotando en el agua. En ella había pequeñas flores blancas. Nadie entendía cómo podía estar allí si no había tierra cerca. Días después, alguien encontró un trozo de madera tallado. Y más tarde, unas aves empezaron a volar cerca del barco.

—¡Eso no es normal! —dijo un viejo marinero—. Las aves no se alejan tanto de la tierra. ¡Estamos cerca!

Los corazones de los marineros comenzaron a latir más rápido. Sus ojos volvieron a brillar. Y todo se llenó de esperanza.

Esa noche, todos dormían con un ojo abierto, esperando, soñando. El mar estaba tranquilo. El cielo, despejado. Y entonces sucedió.

—¡Tierra a la vista! —gritó una voz desde lo alto del mástil de la Pinta—. ¡Tierraaaaa!

Era **Rodrigo de Triana**, marinero andaluz, el primero en ver lo imposible. Su grito atravesó la oscuridad como un trueno. Los marineros saltaron de sus camas, corrieron, se empujaron para ver. Y allí estaba: una sombra en el horizonte. Una silueta oscura que no era nube ni ola. ¡Era tierra!

Gritos, risas, lágrimas. Algunos se arrodillaron y rezaron. Otros se abrazaban como niños. Habían cruzado el Mar de las Tinieblas —que era como llamaban en aquel entonces al océano Atlántico—. Habían hecho lo imposible.

Colón observaba en silencio, con los ojos húmedos por la emoción. No dijo nada al principio. Solo miró aquella forma que aparecía en la distancia, iluminada por la luna.

—Lo logramos —susurró al fin—. Lo logramos.

UN MUNDO NUEVO
(NUEVO PARA ELLOS)

El amanecer del **12 de octubre de 1492** trajo consigo un extraño silencio. Nadie dormía en las tres embarcaciones. Los marineros se habían pasado la noche con la mirada fija en el horizonte, esperando confirmar lo que Rodrigo de Triana había gritado horas antes desde lo alto de la Pinta: «¡Tierra!»

Ahora, con la luz dorada del nuevo día, la veían claramente. Una isla cubierta de vegetación se alzaba frente a ellos, rodeada de aguas cristalinas y un cielo completamente despejado. El mar, que durante semanas había sido una inmensa nada, ahora les mostraba tierra firme, como si fuera un regalo de los dioses.

Algunos hombres lloraban. Otros se santiguaban.

Había risas nerviosas, miradas de incredulidad y abrazos sin pronunciar palabra. Nadie sabía cómo describir lo que estaban viendo. Pero todos sentían que aquel era un momento que el mundo jamás olvidaría.

Cristóbal Colón, de pie en la cubierta de la Santa María, tenía el rostro iluminado por el sol. Su mirada estaba fija en la isla. Después de semanas de tormentas, hambre y miedo, habían llegado.

—Preparad los botes —dijo con voz firme—. Vamos a pisar tierra.

La barca tocó la orilla lentamente, rozando la arena blanca con suavidad. Colón descendió primero, vestido con su mejor ropa, llevando en alto la bandera de los Reyes Católicos. A su lado, algunos marineros lo seguían, asombrados, pisando por fin tierra firme después de tanto tiempo en el mar.

El lugar era un auténtico paraíso. Palmeras altísimas se mecían al viento. Pájaros con plumas rojas, azules y verdes cruzaban el cielo. El aire olía a frutas exóticas, a flores desconocidas, a humedad y misterio. El agua era tan clara que se veían los peces nadando cerca de la orilla.

Colón alzó la bandera sobre la arena.

—En nombre de Sus Majestades Isabel y Fernando, tomo posesión de esta tierra —declaró con determinación—. La llamaré **San Salvador**.

Los hombres a su alrededor aplaudían, se arrodillaban y miraban a su alrededor con los ojos brillando de emoción y asombro. Pero ninguno de ellos se imaginaba que no estaban solos.

Desde la sombra de los árboles, una multitud de ojos curiosos los observaba en silencio.

Los primeros en acercarse fueron hombres y mujeres de piel morena, coronas de plumas y miradas serenas. No llevaban armas. Caminaban con calma, como si también supieran que ese día era especial. Eran los **taínos**, que ya habitaban aquellas islas mucho antes de que los europeos soñaran con navegar hacia el oeste.

No hablaban el mismo idioma que los recién llegados, pero no necesitaban palabras para mostrar su hospitalidad. Sonreían. Hacían gestos con las manos. Algunos ofrecían frutas, papagayos y collares hechos de conchas y piedras brillantes.

Los marineros se miraban entre sí, confundidos pero agradecidos. Unos entregaban espejitos, cuentas de vidrio, cascabeles. Otros simplemente ofrecían sonrisas torpes. Nunca habían visto personas vestidas tan distinto, con piel tan diferente, con costumbres tan desconocidas.

Los taínos tampoco entendían de dónde venían esos hombres ni qué buscaban. Algunos pensaban que quizá eran dioses o espíritus del mar.

Esa noche, Colón escribió en su diario:

«Son gente muy amable, generosa y sin armas. Nos reciben con alegría. No parecen conocer el mal. Serán buenos servidores».

Pero lo que Colón veía con asombro, también lo observaba con ambición. Le llamaban mucho la atención los collares de oro que algunos taínos llevaban en el cuello o en las muñecas.

—¿Oro? —preguntaba una y otra vez, señalando las joyas.

Los taínos sonreían y asentían, sin comprender realmente por qué aquel metal amarillo despertaba tanto interés.

Para los europeos, el oro significaba riqueza, poder, reconocimiento. Para los taínos, era simplemente algo bonito, como una flor brillante o una piedra especial. No era lo más valioso de su mundo.

Colón creía firmemente que había llegado a tierras cercanas a Asia, quizá alguna isla frente a las costas de la India o del Japón. No sospechaba que hubiese llegado a un continente completamente distinto, uno que no aparecía en sus mapas.

Mientras tanto, los marineros exploraban los alrededores con fascinación: frutas que nunca habían probado, animales que jamás habían visto, árboles que no sabían nombrar. Todo parecía salido de un sueño.

Pero aquello no era un mundo nuevo. No para los que ya vivían allí.

Los taínos tenían casas, aldeas, leyes, canciones,

leyendas. Tenían conocimientos sobre medicina, pesca, agricultura y navegación. Dormían en hamacas tejidas, cultivaban yuca y se guiaban por las estrellas igual que los europeos.

Para ellos, esa isla —y todas las que la rodeaban— no necesitaba ser descubierta. Era su hogar desde hacía siglos.

Esa noche, un anciano taíno miró el cielo y dijo a su nieto:

—Hoy llegaron los hombres del mar. Son diferentes. Visten como el sol, hablan como el viento y tienen hambre de cosas que nosotros no comemos.

Y en otro rincón de la playa, un marinero español murmuraba:

—Creo que esto no es Asia. Es algo distinto. Algo... nuevo.

Aquel encuentro fue pacífico. Al menos, al principio. Pero, sin que nadie lo notara, algo estaba empezando a cambiar. Colón pensaba en riquezas, en nuevas tierras para España, en convertir a aquellas personas al cristianismo. Ya no hablaba solo de descubrir. Hablaba de conquistar. La historia había cambiado para siempre.

Y así, en una pequeña isla en medio del mar, dos mundos se encontraron. Uno llegaba con banderas y sueños de gloria. El otro, con raíces profundas y un modo de vida que nunca pensó que tendría que defender.

EL ENCUENTRO DE DOS MUNDOS

Durante los días que siguieron al desembarco, los españoles comenzaron a recorrer la isla. Todo era nuevo para ellos: los árboles, las frutas, los animales y, por supuesto, las personas. Lo que habían soñado durante tanto tiempo estaba frente a sus ojos.

Los taínos vivían en pequeñas aldeas hechas de madera y palma. Dormían en hamacas tejidas, cultivaban yuca, maíz y batata, y sabían pescar con redes y arcos. Reían con facilidad, compartían lo que tenían y caminaban por la selva con una ligereza que dejaba asombrados a los marineros. Para los españoles, eran gente muy sencilla, incluso ingenua. Y era evidente que sabían vivir en equilibrio con la naturaleza.

Colón los observaba en silencio. Tomaba nota de todo en su diario: sus costumbres, sus adornos, sus palabras. No entendía su idioma, pero comprendía lo que quería ver. Y lo que más le llamaba la atención era el oro.

—¿Dónde hay más de esto? —preguntaba, señalando los collares de los taínos.

Los hombres y mujeres de la isla lo miraban sin comprender por qué le interesaba tanto. Para ellos, el oro era solo algo bonito. No era símbolo de poder ni de riqueza. No era más importante que una piedra brillante o una flor colorida. Lo usaban como adorno, no como tesoro.

Pero para Colón, era la prueba de que no estaban lejos de las riquezas de Asia que tanto había prometido a los Reyes Católicos. Oro, especias, seda… Todo eso debía estar cerca. O, al menos, eso quería creer.

Durante las primeras semanas, la relación entre los europeos y los taínos fue pacífica. Se intercambiaban objetos, alimentos y curiosidades. A veces, uno se sentaba frente al otro e intentaban aprender palabras del idioma ajeno, repitiendo sonidos y riendo juntos de sus errores.

Pero, en medio de aquella aparente calma, empezaban a aparecer señales de alerta.

Los españoles construían cruces en la tierra y hablaban de un dios único. Los taínos, en cambio, creían en los espíritus de la naturaleza, en el poder del sol, del mar y de los antepasados. No entendían por qué debían cambiar su fe. Tampoco comprendían por qué los hombres del mar insistían tanto en tomar posesión de las tierras, como si pudieran ser de alguien. Para los taínos, la tierra no se poseía: se cuidaba y se compartía.

Los marineros no lo veían así. Para ellos, aquella isla —y todo lo que hubiera más allá— ya pertenecía a los Reyes Católicos.

—¿Por qué no obedecen? —decía uno de los soldados—. Si no entienden la autoridad, habrá que enseñársela.

Colón se convencía cada día más de que su misión no era solo encontrar una ruta hacia Asia, sino también extender el poder de los Reyes Católicos y del cristianismo. En su diario empezó a reflejar sus deseos de conquista escribiendo frases como: «estos pueblos serían fáciles de convertir» o «podríamos tomarlos como servidores».

Algunos marineros lo seguían con fe. Otros empezaban a dudar. Habían partido buscando riquezas, sí, pero también aventuras, libertad, una nueva vida. Ahora veían que estaban metiéndose en algo mucho más grande y peligroso de lo que habían imaginado.

—No vinimos a hacer la guerra —murmuraba uno mientras reparaba su espada oxidada.

Una tarde, durante una excursión, un grupo de

españoles entró en una aldea taína sin avisar. Querían explorar, conocer, quizás tomar algo de oro. Los taínos, asustados, huyeron al bosque. Los marineros, al ver que nadie les hacía frente, pensaron que podían hacer lo que quisieran. Tomaron provisiones, exploraron las chozas y regresaron riendo.

Cuando Colón se enteró, no los castigó. Al contrario, anotó que aquellas tierras estaban «poco defendidas» y que podrían establecer allí un fuerte.

A partir de ese momento, los taínos comenzaron a mirarlos con menos curiosidad y más cautela. Ya no se acercaban tanto a ellos. Ya no reían como antes. Empezaban a entender que esos hombres del mar querían algo más que comerciar.

Aquella isla había sido un hogar pacífico. Ahora, sus habitantes vivían preocupados por su futuro incierto. Algunos ancianos taínos hablaban de señales en el cielo, de antiguos presagios. Decían que habían llegado los días en que el equilibrio se rompería.

Colón, por su parte, solo pensaba en regresar a Castilla con noticias grandiosas. Había encontrado tierras, había conocido nuevos pueblos… y sabía que allí había oro. Quizás no en la cantidad que esperaba, pero suficiente como para despertar el interés de los Reyes Católicos.

Lo que no sabía —o no quería ver— era que ese encuentro, que en un principio fue pacífico, iba a traer serios problemas en el futuro.

Y así fue el encuentro de los dos mundos. No fue algo violento al principio. Fue un acercamiento lento, lleno de preguntas sin respuesta y palabras mal entendidas. Fue un momento bonito, pero también confuso. Y, aunque aún nadie lo sabía, ese encuentro cambiaría para siempre la vida de millones de personas.

EL REGRESO DEL HÉROE

Las campanas repicaban con fuerza en la ciudad de Palos de la Frontera. Era el 15 de marzo de 1493. Las calles, normalmente tranquilas, estaban llenas de gente emocionada. Desde las torres de vigilancia se divisaban las velas de una carabela acercándose al puerto. Era la *Niña*.

—¡Ha vuelto! —gritó alguien desde lo alto del campanario—. ¡Cristóbal Colón ha regresado!

La noticia se esparció como pólvora. Hombres, mujeres y niños corrieron hacia el puerto, empujándose entre sí para tener un buen lugar desde donde mirar. Durante meses, muchos creyeron que Colón y su tripulación se habían perdido en el mar, tragados por las olas del océano o devorados por monstruos marinos. Pero ahora, contra todo pronóstico, regresaban desde otro lado del mundo.

La carabela atracó lentamente. Sus velas estaban rasgadas por el viento y la sal. Colón se mantenía erguido en la cubierta, con su capa ondeando al viento y una expresión de triunfo en el rostro. Tras él, algunos marineros descendían con cuidado, llevando consigo objetos extraños: frutas nunca vistas, plumas de colores brillantes, adornos de oro hechos a mano... e incluso unos hombres de piel morena y ojos oscuros que hablaban en un idioma incomprensible.

El pueblo los observaba con asombro, como si presenciaran una leyenda hecha realidad. Nadie había cruzado el océano en esa dirección y regresado para contarlo. Nadie, hasta ahora.

—¡Viva el Almirante del Mar Océano! —gritó un anciano entre la multitud, y pronto todos coreaban su nombre—. ¡Colón! ¡Colón! ¡Colón!

La corte de los Reyes Católicos en Barcelona lo recibió con gran emoción. Colón, vestido con ropa elegante que le habían prestado los nobles, caminó por un largo pasillo cubierto con una alfombra. A su alrededor, los cortesanos lo miraban con admiración y entre murmullos comentaban su gran hazaña.

—Realmente ha encontrado el camino a las Indias —decían unos.

—¡Qué valiente! ¡Qué sabio! —susurraban otros—. Ha llegado más lejos que nadie.

Colón se arrodilló ante los Reyes. Isabel y Fernando lo invitaron a levantarse con una sonrisa de orgullo.

—Habéis hecho historia, don Cristóbal —dijo la reina—. Habéis demostrado que los sueños audaces pueden hacerse realidad.

El navegante mostró los tesoros que traía: piezas de oro, papagayos de colores, semillas de nuevas frutas, utensilios desconocidos… y a varios hombres taínos que lo habían acompañado desde las islas.

Los consejeros del reino tomaron nota de cada detalle. Todos estaban convencidos de que aquellas tierras formaban parte de las Indias Orientales. Nadie —ni siquiera Colón— imaginaba que se trataba de un continente completamente nuevo.

La celebración duró varios días. Se organizaron banquetes en honor al Almirante. Los poetas escribieron versos que lo comparaban con los grandes héroes del pasado. Se acuñaron monedas conmemorativas. Las iglesias cantaron misas de acción de gracias.

Los niños jugaban a ser marineros cruzando el océano. Los comerciantes soñaban con nuevas rutas. Los nobles veían posibilidades de acumular riqueza. El pueblo entero estaba convencido de que se acababa de descubrir una mina de oro en el otro lado del mundo.

Pero no todos estaban tan seguros.

En las universidades, algunos sabios miraban los mapas con dudas y preocupación.

—Esto no parece Asia —dijo uno—. Ninguna de estas islas coincide con las descripciones de Marco Polo.

—¿Dónde están las ciudades de oro? ¿Dónde los grandes palacios del Gran Kan?

—Los habitantes que Colón trajo no hablan ninguna lengua conocida...

A pesar de las dudas, nadie se atrevía a contradecir abiertamente al Almirante. Su éxito era demasiado grande, su gloria, demasiado brillante. Había logrado algo tan increíble que todos lo admiraban. ¿Quién osaría poner en duda al hombre que había cruzado el océano y regresado con tesoros?

Mientras tanto, Colón escribía en su diario:

«Estas islas están cerca de Cipango (Japón), y no dudo de que, si Dios lo permite, encontraré el continente asiático en mis próximos viajes».

Colón estaba convencido. Había llegado, sin duda, a alguna parte del Lejano Oriente. No podía imaginar que lo que realmente había hecho era conectar dos mundos separados. Él aún no lo sabía, pero su viaje había cambiado la historia para siempre.

Una noche, tras días de celebraciones, Colón subió a una de las torres del castillo donde se alojaba. Desde lo alto contempló las estrellas. Eran las mismas que lo habían guiado durante su viaje, las mismas que lo habían acompañado en la oscuridad del océano cuando no había tierra a la vista.

A su alrededor, la ciudad dormía en paz. Pero en su mente, la aventura aún no había terminado. Ya pensaba en el segundo viaje, en los barcos que pediría a los Reyes, en las riquezas que aún quedaban por encontrar. Su espíritu no descansaba. El horizonte seguía llamándolo.

—Esto es solo el principio —susurró.

Y tenía razón. Pronto volvería a zarpar. Pronto volvería al otro lado del mar, convencido de que lo que exploraba era Asia… sin saber que había tropezado con un continente nuevo.

Los Reyes ya planeaban enviar más expediciones. Las noticias cruzaban fronteras. Colón había regresado como un héroe. Pero nadie imaginaba todavía la gran magnitud de su descubrimiento.

MÁS VIAJES, MÁS PREGUNTAS

Después de su glorioso regreso a Castilla, Cristóbal Colón se había vuelto un hombre famoso. Las calles se abarrotaban para ver pasar al «Almirante del Mar Océano», y la corte hablaba con entusiasmo sobre las riquezas que pronto llegarían del otro lado del mar. Pero él no estaba satisfecho. En su interior, algo ardía. Sabía que aún quedaba mucho por descubrir, muchas islas por explorar… y mucho oro por encontrar.

Así comenzó el segundo viaje. Pero esta vez, todo era diferente.

No eran tres barcos, sino diecisiete. No viajaban apenas noventa hombres, sino más de mil. Y esta vez no era un viaje para explorar, sino para colonizar. Llevaban semillas, animales, carpinteros, soldados y curas. Iban a fundar pueblos, levantar iglesias... y someter nuevas tierras en nombre de los Reyes Católicos.

Colón, al mando de esta flota, se sentía poderoso. Pero también cargaba sobre sus hombros una enorme responsabilidad. Ahora iba allí para gobernar.

Al llegar a **La Española,** una gran isla del mar Caribe —hoy dividida entre Haití y la República Dominicana—, Colón esperaba ser recibido con alegría por los hombres que había dejado allí, en el pequeño fuerte llamado **La Navidad.** Pero lo que encontró fue ceniza.

El fuerte estaba destruido.

Nadie lo esperaba. Restos de madera quemada y armas rotas cubrían el suelo. Los hombres habían muerto en un enfrentamiento contra los taínos, los habitantes de la isla. Algunos decían que los españoles se habían comportado con crueldad. Otros, que habían sido atacados sin razón.

Fuera cual fuera la verdad, el mensaje era claro: aquello ya no era una aventura pacífica. Todo había cambiado.

Aun así, Colón no se rindió. Fundó una nueva ciudad: **La Isabela,** la primera colonia europea en América. Pero el terreno era duro, las lluvias interminables, la comida escasa y las enfermedades comenzaron a hacer estragos.

Los colonos, que habían llegado soñando con riquezas, se desesperaban.

—¿Dónde está el oro que prometiste? —le preguntaban furiosos a Colón.

Y él respondía:
—Paciencia. Está aquí, en algún lugar. Solo hay que buscarlo.

La relación con los taínos también comenzó a cambiar. Al principio, muchos se acercaban con respeto, ofreciendo alimentos y ayuda. Pero pronto, los españoles empezaron a tratarlos como sirvientes. Les exigían trabajos, les quitaban sus cosechas y los castigaban si no obedecían.

Colón, presionado por sus hombres y por la promesa de riquezas que debía cumplir, autorizó medidas cada vez más duras. Estableció un sistema de tributos: los taínos debían entregar oro regularmente. Si no lo hacían, eran castigados con crueldad.

—No tienen leyes —escribía Colón en su diario—. Pero aprenderán a obedecer.

Lo que había comenzado como un encuentro entre mundos se había convertido en una cruel conquista.

En su tercer viaje, Colón exploró nuevas tierras. Vio por primera vez la costa de América del Sur. La desembocadura del gran río Orinoco lo dejó sin palabras. El agua dulce era tan abundante que pensó que quizá se encontraba en la entrada del Paraíso del que hablaba la Biblia. Y, sin embargo, su espíritu ya no era el mismo.

Estaba cansado.

Los problemas en las colonias no cesaban. Los colonos lo acusaban de gobernar con dureza, de manera injusta y de favorecer a su familia. La noticia llegó a Castilla: el héroe de antes ahora era visto por muchos como un completo tirano.

Los Reyes Católicos, alarmados, enviaron a un hombre llamado Francisco de Bobadilla para ver qué pasaba. Al llegar a La Española, no tardó en arrestar a Colón y enviarlo de vuelta a Castilla… encadenado por los tobillos.

Cuando llegó, la reina Isabel ordenó que le quitaran las cadenas de inmediato. Lo perdonaron… pero ya no era el mismo. Sus títulos, su prestigio, su autoridad… todo había quedado manchado.

Aun así, consiguió una última oportunidad: el cuarto viaje.

Colón zarpó con la esperanza de encontrar un paso a través de aquellas tierras hacia Asia, quizás por Centroamérica. Navegó por la costa de Honduras, de Nicaragua, de Panamá… pero la ruta que buscaba no existía. Se enfrentó a tormentas, naufragios y enfermedades. Estuvo varado en Jamaica durante más de un año, sin recursos y acompañado por hombres que ya no confiaban en él.

Fue su travesía más difícil.

En su diario escribía:

«Estoy solo. Enfermo. Sin esperanza. Pero aún creo que Dios me trajo a estas tierras por una razón».

Finalmente, logró regresar a Castilla. Viejo, enfermo, cansado... y olvidado.

Colón murió el 20 de mayo de 1506, convencido hasta el último momento de que había llegado a Asia. Nunca supo que había descubierto, para el Viejo Mundo, un continente que cambiaría el curso de la historia.

¿Fue entonces un héroe? ¿O fue finalmente un tirano? Lo que es seguro es que fue un hombre con un sueño... que no imaginó las consecuencias y que abrió una puerta que cambió el mundo para siempre.

Y es que, a veces, los sueños más grandes también traen preguntas que nadie sabe cómo responder.

EL MUNDO DESCUBRE LA VERDAD

En una tranquila sala llena de libros y mapas, un sabio europeo se inclinaba sobre una gran mesa de madera. Era de noche, pero la luz de las velas iluminaba los contornos de los continentes dibujados con tinta. Sus dedos recorrían lentamente las líneas que Colón había trazado en sus informes. Hizo una pausa. Miró al cielo estrellado por la ventana y murmuró:

—Esto... no es Asia.

Durante años, Cristóbal Colón había sostenido que las tierras que encontró al cruzar el océano eran parte de Asia, unas islas cercanas al Japón o a las costas de la India. Sus diarios lo repetían una y otra vez: «Estamos cerca del Gran Khan... de Cipango... del oro prometido».

Pero con cada viaje, con cada nuevo informe, aumentaban las dudas.

Los sabios de Europa comparaban lo que Colón describía con lo que los antiguos viajeros, como Marco Polo, habían contado sobre Asia. Nada coincidía. No había palacios dorados. No había grandes ciudades ni caminos de seda. Las lenguas, las personas, los animales… todo era diferente.

—Estas tierras no son asiáticas —comenzaron a afirmar algunos—. Son otra cosa.

Uno de los primeros en atreverse a escribirlo claramente fue **Américo Vespucio**, un navegante y comerciante que también viajó al Nuevo Mundo.

Vespucio observó con atención los inmensos ríos y las selvas. Habló con los pueblos que habitaban esas tierras y anotó todo sobre sus costumbres, su alimentación, sus herramientas.

En una carta escribió:

«He llegado a un mundo desconocido por los antiguos. No es Asia. Es un continente nuevo».

Sus palabras sorprendieron a mucha gente. ¿Un nuevo continente? ¿Uno que no estaba en los mapas, que no conocían ni los sabios griegos ni los romanos? Era una idea revolucionaria… y fascinante.

Unos años después, un cartógrafo alemán **llamado Martin Waldseemüller**, que admiraba las cartas de Vespucio, decidió hacer algo que cambiaría la historia para siempre.

Dibujó un nuevo mapa del mundo. Y en él, junto a Europa, Asia y África, dibujó un cuarto continente: unas tierras grandes y misteriosas. Y les puso el nombre de **América** en honor de quien había revelado su existencia (Américo Vespucio).

Mientras tanto, los mapas comenzaron a cambiar.

Donde antes solo había agua, ahora mostraban islas, costas y ríos enormes. Las imprentas trabajaban día y noche, copiando los nuevos diseños. Los sabios debatían acaloradamente en las universidades. Los comerciantes soñaban con nuevas rutas. Y los reyes planeaban expediciones, batallas y conquistas.

—El mundo es más grande de lo que pensábamos —decían asombrados.

Pero el descubrimiento de un «Nuevo Mundo» también trajo desgracias para algunos. Para Europa, América se convirtió en una tierra de oportunidades: oro, plata, especias, tierras fértiles... y personas que no conocían el modo de vida europeo. Muchos pensaron que era su deber «civilizar» a los pueblos indígenas. Otros solo vieron la posibilidad de enriquecerse. Comenzaron a llegar más barcos, más soldados, más órdenes. Y con ellos, enfermedades, guerras y esclavitud.

Los pueblos que habían recibido a Colón con sonrisas y regalos comenzaron a perder sus tierras, su libertad, e incluso sus vidas.

Un anciano taíno, sentado bajo un árbol, observaba cómo los barcos llegaban uno tras otro.

—Al principio creímos que eran dioses —susurró—. Ahora sabemos que no lo son.

En las aldeas, muchos se preguntaban qué sería de sus hijos, de sus costumbres, de su futuro. Algunas culturas resistieron. Otras fueron destruidas. Todas cambiaron.

En una escuela de Salamanca, un joven estudiante escuchaba a su maestro hablar sobre los nuevos mapas.

—Fijaos bien —decía el profesor—. Aquí estaba el fin del mundo… y ahora hay tierras nuevas. América. Un continente entero, lleno de maravillas. ¿Qué haremos con él?

El estudiante levantó la mano.

—¿Y si, en vez de conquistarlo… lo conocemos?

El maestro sonrió.

—Buena pregunta. Pero, por desgracia, no todos piensan así.

El mundo ya no era el mismo. Había dejado de ser un disco plano rodeado de monstruos. Era un enorme planeta, lleno de culturas y misterios.

Los pueblos que antes vivían separados por océanos ahora se encontraban cara a cara. A veces para comerciar. A veces para luchar. Pero siempre, condenados a un cambio constante de por vida.

Colón abrió el camino. Algunos lo aprovecharon con respeto, pero otros muchos con ambición. Y el precio de ese descubrimiento lo pagaron pueblos enteros, con su sangre, su tierra y su historia.

EPÍLOGO
EL HOMBRE QUE CAMBIÓ EL MUNDO

Todo viaje tiene un final.

Y el de Cristóbal Colón también lo tuvo. Su último viaje no fue en barco, sino inmerso en sus recuerdos. Lejos del mar, lejos de las brújulas y los mapas, terminó sus días en una casa modesta, en la ciudad de Valladolid.

Su cuerpo estaba débil, pero en su mente él seguía navegando. Cerraba los ojos y volvía a ver las velas de la *Santa María* hinchadas por el viento, el sol reflejándose en las aguas del océano, las expresiones de sorpresa de los pueblos que encontró.

Pero ya no era el hombre admirado por todos. Había perdido muchos de sus títulos. Se había enfrentado a juicios, críticas, traiciones. Y lo más sorprendente de todo... murió sin saber lo que realmente había logrado.

Porque, hasta su último suspiro, Colón creyó que había llegado a Asia. No imaginaba que lo que había encontrado era un continente entero, desconocido para Europa: América.

Hoy su nombre es conocido en todo el mundo. Se enseña en las escuelas, aparece en los libros de historia, da nombre a calles, plazas y hasta a países. Algunos lo llaman héroe. Otros, causante de un gran dolor.

Y la verdad es que fue ambas cosas.

Un hombre con un sueño tan grande como el mar: valiente, determinado, incansable. Pero también humano: ambicioso, duro, equivocado en muchas de sus decisiones. Su viaje cambió la historia, pero también trajo consecuencias dolorosas para los pueblos que ya vivían en las tierras que él «descubrió».

Porque América ya existía.

Allí vivían millones de personas, con sus propias lenguas, costumbres, religiones, arte, conocimiento. No eran tierras vacías esperando ser encontradas, sino civilizaciones completas que vieron cómo, en cuestión de años, todo lo que conocían empezaba a cambiar.

Colón abrió una puerta. Lo que pasó después ya no dependía solo de él, pero su llegada fue la chispa que encendió una nueva era: la Era de los Descubrimientos, sí, pero también de las colonizaciones, de los conflictos y los choques culturales.

EPÍLOGO EL HOMBRE QUE CAMBIÓ EL MUNDO

Y entonces, ¿cómo debemos recordarlo?

Como un personaje real. Ni mito intocable ni villano de cuento. Un hombre de carne y hueso, con sueños, con fallos, con una determinación que desafió lo imposible… y que dejó una huella tan profunda en la historia que aún hoy seguimos hablando de él.

Cristóbal Colón cambió el mundo. Lo hizo más grande, más conectado, más complicado. Su viaje unió continentes, abrió nuevas rutas, inspiró a exploradores. Pero también dejó heridas que tardarán siglos en sanar.

Por eso, su historia debe contarse tal y como es.

No para aplaudirlo sin pensar, ni para condenarlo sin entender, sino para mirar el pasado con ojos abiertos y construir el futuro con más respeto, más justicia y más verdad.

¿TE HA GUSTADO ESTA HISTORIA?

En las siguientes páginas encontrarás contenido extra e información de valor. Pero antes...

Si este libro te pareció interesante o inspirador, por favor, deja una reseña. ¡Es muy fácil y rápido!

Solo toma un minuto, pero significa muchísimo: ayuda a que más niños y familias descubran esta historia y sigamos creando libros como este.

Puedes hacerlo directamente aquí:

Puedes hacerlo directamente aquí:

Tu opinión vale oro.
¡Gracias por tu apoyo!

CURIOSIDADES SOBRE CRISTÓBAL COLÓN

1. **¿Realmente nació en Génova?**
   La mayoría de los historiadores creen que Cristóbal Colón nació en la ciudad portuaria de Génova, en Italia. Pero no existe una prueba definitiva. Algunas teorías afirman que pudo haber nacido en Portugal, Galicia o incluso en Cataluña. Su origen exacto sigue siendo un misterio.
2. **El país Colombia lleva su nombre**
   Colombia, en Sudamérica, fue nombrado así en el siglo XIX en honor a Cristóbal Colón. Fue una forma de reconocerlo como la figura que abrió el camino para el encuentro entre Europa y América.
3. **Murió sin saber que había descubierto un nuevo continente**
   Colón murió en 1506 convencido de que había llegado a Asia por una ruta diferente. Nunca supo que lo que encontró era un continente completamente desconocido para los europeos.
4. **América se llama así por otra persona**
   Como hemos visto en la historia, el nombre del continente viene de Américo Vespucio, un nave-

gante que propuso que aquellas tierras no eran Asia, sino un nuevo continente. Un cartógrafo alemán decidió llamarlo "América" en su honor.

5. **Los vikingos llegaron antes que él**
   Alrededor del año 1000, el vikingo Leif Erikson llegó a las costas de lo que hoy es Canadá. Sin embargo, aquellos viajes no fueron conocidos por el resto de Europa, así que no tuvo el mismo impacto que el de Colón.

6. **El viaje fue más largo de lo que pensaba**
   Colón calculó mal el tamaño de la Tierra. Creía que Asia estaba mucho más cerca navegando hacia el oeste. Tuvo suerte de encontrar América en medio, porque probablemente él y su tripulación habrían muerto en el mar sin encontrar tierra.

7. **No descubrió que la Tierra era redonda**
   En su época, aunque no todo el mundo pensaba así, muchos sabios ya sabían que la Tierra era esférica. El verdadero debate estaba en cuánto medía el planeta y si era posible llegar a Asia cruzando el océano.

8. **Sobrevivió a un naufragio en Jamaica**
   En su cuarto viaje, Colón naufragó frente a las costas de Jamaica en 1503. Estuvo más de un año atrapado allí con su tripulación, sobreviviendo gracias a la ayuda de los indígenas y su ingenio hasta que fueron rescatados.

9. **Cambió la comida del mundo**
   Gracias a los viajes de Colón y los que vinieron después, América y Europa intercambiaron alimentos. El maíz, el tomate, la patata, el cacao y muchas frutas cruzaron el océano y transformaron las cocinas de todo el mundo.

LÍNEA DE TIEMPO
DE CRISTÓBAL COLÓN

1451 – Nace Cristóbal Colón (probablemente en Génova, Italia).

1476 – Sobrevive a un naufragio frente a la costa portuguesa y se instala en Lisboa.

1484-1486 – Presenta su proyecto de navegar hacia el oeste para llegar a Asia, pero es rechazado por varias cortes europeas.

1492 – Los Reyes Católicos aceptan su propuesta y le dan tres barcos: la Santa María, la Pinta y la Niña.

3 de agosto de 1492 – Parte del puerto de Palos rumbo a lo desconocido.

12 de octubre de 1492 – Llega a una isla del Caribe (actual Bahamas). Comienza el primer contacto entre Europa y América.

1493 – Regresa a España* y es recibido como un héroe. Parte poco después en su segundo viaje, esta vez con 17 barcos y más de 1000 personas.

1494-1496 – Se enfrenta a problemas en la colonia

---

*Aunque hoy lo llamamos España, en tiempos de Colón eran varios reinos distintos, como Castilla y Aragón, unidos por el matrimonio de los Reyes Católicos.

de La Española: enfermedades, hambre y conflictos con los taínos y entre sus propios hombres.

1498 – Inicia su tercer viaje. Llega por primera vez a tierra firme en América del Sur, cerca del río Orinoco (actual Venezuela).

1500 – Es arrestado por las autoridades españolas y enviado a España encadenado, acusado de mala gestión como gobernador.

1502 – Parte en su cuarto y último viaje con la esperanza de encontrar un paso hacia Asia.

1503 – Naufraga en Jamaica y permanece allí más de un año hasta ser rescatado.

1504 – Regresa a España enfermo y sin reconocimiento.

20 de mayo de 1506 – Muere en Valladolid, sin saber que había descubierto un nuevo continente.

PREGUNTAS PARA REFLEXIONAR

Después de leer la historia de Cristóbal Colón, tómate un momento para pensar y conversar sobre estas preguntas. No hay respuestas correctas o incorrectas... lo importante es reflexionar.

1. ¿Qué crees que sintieron los marineros al navegar hacia lo desconocido sin saber si llegarían a algún lugar? ¿Tú te atreverías a hacer algo así?
2. ¿Fue Colón un héroe, un explorador valiente o alguien que cometió errores graves? ¿Puede una persona ser todo eso al mismo tiempo?
3. ¿Qué debieron sentir los pueblos indígenas al ver llegar barcos con personas que hablaban otro idioma y ocupaban sus tierras?
4. ¿Crees que es correcto decir que Colón "descubrió América"? ¿Por qué sí o por qué no?
5. ¿Qué habría pasado si Colón nunca hubiera hecho su primer viaje? ¿Crees que el mundo sería diferente? ¿Mejor o peor?
6. ¿Es importante conocer la historia completa, incluso sus partes más difíciles? ¿Por qué?
7. ¿Qué enseñanzas podemos aprender hoy de la historia de Cristóbal Colón?

MINI GLOSARIO

Almirante
Título militar que se da al jefe de una flota o grupo de barcos. Cristóbal Colón fue nombrado "Almirante del Mar Océano" por los Reyes Católicos.

Carabela
Tipo de barco ligero y rápido, muy usado durante los viajes de exploración en el siglo XV. La Niña y la Pinta eran carabelas.

Colonizar
Establecer el control de un territorio por parte de otro país. En este libro, se refiere a cuando los españoles llegaron a América para quedarse, gobernar y explotar sus recursos.

Conquista
Acción de tomar el control de una tierra o un pueblo por medio de la fuerza. Muchos territorios en América fueron conquistados tras la llegada de Colón.

Continente
Gran extensión de tierra rodeada de mar. Europa, Asia, África y América son continentes.

Cristianismo
Religión basada en las enseñanzas de Jesús. Era la religión oficial en los reinos que apoyaron a Colón, y querían extenderla a los pueblos indígenas.

Especias
Sustancias vegetales muy valoradas en la Edad Media por su sabor y aroma, como la pimienta, la canela o el clavo. Provenían principalmente de Asia.

Indígenas
Pueblos originarios de una región. En este libro, se refiere a las personas que vivían en América mucho antes de la llegada de los europeos.

Mar Caribe
Mar tropical situado entre América Central y el norte de Sudamérica. Allí se encuentran muchas de las islas a las que llegó Colón.

Mapa
Representación gráfica de una parte del mundo. En la época de Colón, muchos mapas eran inexactos o incompletos.

Monarca
Rey o reina. Los Reyes Católicos, Isabel y Fernando, fueron los monarcas que financiaron el viaje de Colón.

Navegante
Persona que sabe guiar barcos por el mar. Cristóbal Colón fue uno de los navegantes más famosos de la historia.

Nuevo Mundo
Nombre que los europeos dieron a América tras su descubrimiento, porque no aparecía en sus mapas.

Taínos
Pueblo indígena que vivía en las islas del Caribe cuando Colón llegó. Fueron los primeros en tener contacto con los europeos.

Tributo
Pago que una persona o grupo debe hacer a otro como señal de obediencia o sometimiento. Colón exigía tributos de oro a los pueblos indígenas.

REFERENCIAS

Frevert, U. (2014, October 8). *Wartime Emotions: Honour, Shame, and the Ecstasy of Sacrifice / 1.0 / handbook*. 1914-1918-Online (WW1) Encyclopedia. https://encyclopedia.1914-1918-online.net/article/wartime-emotions-honour-shame-and-the-ecstasy-of-sacrifice/

Grand, S. (2018, January 2). *The Other Within: White Shame, Native-American Genocide*. Contemporary Psychoanalysis. https://doi.org/10.1080/00107530.2017.1415106

Heritage History | Columbus the Discoveror by Frederick Ober. (2023). Heritage-History.com. https://www.heritage-history.com/index.php?c=read&author=ober&book=columbus&story=last

Meddings, A. (2022, January 28). *Where Did Christopher Columbus Come From? | Alexander Meddings*. Alexander Meddings | Travel Specialist. https://alexandermeddings.com/history/where-christopher-columbus-came-from/

Christopher Columbus: Man of Destiny | Religious Studies Center. (n.d.). Rsc.byu.edu. https://rsc.byu.edu/window-faith/christopher-columbus-man-destiny

Christopher Columbus, Mariner | *AMERICAN HERITAGE.* (n.d.). Www.americanheritage.com. https://www.americanheritage.com/christopher-columbus-mariner

Eldridge, A. (2020). *5 Unbelievable Facts About Christopher Columbus | Britannica.* Encyclopædia Britannica. https://www.britannica.com/list/5-unbelievable-facts-about-christopher-columbus

Valerie I.J. Flint. (2019, January 3). *Christopher Columbus - The first voyage.* Encyclopædia Britannica. https://www.britannica.com/biography/Christopher-Columbus/The-first-voyage

(2024). Quizlet. https://quizlet.com/study-guides/columbus-journal-of-the-1492-voyage-e26be5d1-c51b-4663-92d0-1650efd0984b

Analysis: Journal of the First Voyage of Christopher Columbus | EBSCO. (2022). EBSCO Information Services, Inc. | Www.ebsco.com. https://www.ebsco.com/research-starters/history/analysis-journal-first-voyage-christopher-columbus

Christopher Columbus. (2009, November 9). History.com; A&E Television Networks. https://www.history.com/topics/exploration/christopher-columbus

Mann, R. (2015). *Columbus, Providence, and the Discovery of America by Ron Mann.* Blogspot.com. https://mannkindperspectives.blogspot.com/2012/05/columbus-providence-and-discovery-of.html

REFERENCIAS

Editor. (2019, July 3). *A Collision of Worlds: The Legacy of Columbus*. Open Ended Social Studies. https://openendedsocialstudies.org/2019/07/03/a-collision-of-worlds-the-legacy-of-columbus/

Extracts from the journal of Columbus < Before 1600 < Documents < American History From Revolution To Reconstruction and beyond. (2012). Www.let.rug.nl. https://www.let.rug.nl/usa/documents/before-1600/extracts-from-the-journal-of-columbus.php

ORTIZ, F. (2014, December). *The human factors of cubanidad*. HAU: Journal of Ethnographic Theory. https://doi.org/10.14318/hau4.3.031b

Rodgers, R. J. H. N. (2023, October 16). *Christopher Columbus: Champion of Faith, Father of the New World, and Hero Beyond Boundaries*. Sacred Heart Christian. https://www.iamchristianmedia.com/article/christopher-columbus-champion-of-faith-father-of-the-new-world-and-hero-beyond-boundaries

LEE AHORA
CLEOPATRA: LA ULTIMA GRAN REINA DE EGIPTO

www.ingramcontent.com/pod-product-compliance
Lightning Source LLC
LaVergne TN
LVHW052000060526
838201LV00059B/3750